Tensão
pré-menstrual
LIVRE-SE DELA!

Apresentação

Este mal que atinge grande parte das mulheres pode – e deve – ser contornado. O primeiro passo é colocar a mulher num contexto de realidade maior. Isso começa na pré-adolescência, quando a mãe deve conversar com a filha sobre o ciclo menstrual, a fertilização e a gravidez, comentando o significado dessas transformações no corpo e na vida da mulher e destacando que menstruar é algo absolutamente saudável e benéfico.

Menstruar é muito importante para a mulher, mesmo que ela reclame. Os efeitos físicos e psicológicos são mais importantes que o incômodo desse período, por isso não acho recomendável suspender a menstruação, que é inerente ao organismo feminino. Toda vez que se retira uma pecinha de uma máquina, ela deixa de funcionar, ou funciona mal. O mesmo se dá com o corpo humano. Tudo tem uma função, o segredo é saber lidar com isso.

Marco Antonio Palmieri
Doutor em medicina, especializado
em endocrinologia e homeopatia

Sumário

O que é TPM?...3
Sintomas físicos e emocionais.. 4
Receita para se conhecer e viver melhor................................6
Qual é a causa de tudo isso?...8
Dando nomes aos bois: estrógeno e progesterona...................8
A relação emocional...10
Prepare-se – e prepare sua filha... 10
Como sofrer menos.. 12
O poder da soja e das vitaminas...13
O que comer...14
Mexa-se.. 15
Massagem...16

Autora: Silvana Salerno
Consultor: Dr. Marco Antonio Palmieri
Diagramação e ilustrações:
Roberto Alvarenga
Capa: inc. design editorial

© 2002 Editora Melhoramentos Ltda.
Caixa Postal 2547 – CEP 01065-970 – São Paulo – SP – Brasil

Edição: 6 5 4 3 2   Ano: 2007 06 05 04
Ex-II
ISBN: 85-06-03475-2
Impresso no Brasil

Impressão e Acabamento: Quebecor World S.P.

O que é TPM?

Se você sofre de algum dos sintomas de tensão pré-menstrual – essa terrível vilã conhecida como TPM –, veja aqui como superar esse pesadelo.

Para quem sofre nesse período do mês, há uma boa novidade no mercado: as cápsulas de erva-de-são-joão e óleo de prímula. Uma erva e uma flor – nada mais natural e feminino – estão ajudando a solucionar os problemas causados pela TPM. Não é preciso lançar mão de medicamentos fortes, a não ser em último caso.

Mas, afinal, o que é exatamente TPM?

Próximo à menstruação, muitas mulheres são vítimas de uma série de sintomas físicos e emocionais que caracterizam a tensão pré-menstrual. O período varia bastante: algumas mulheres apresentam sintomas um ou dois dias antes de menstruar, outras, com 15 ou 20 dias de antecedência.

No climatério – período que antecede a menopausa –, sintomas como cólica, dor de cabeça e nervosismo tendem a diminuir, e na menopausa, quando a mulher deixa de menstruar, eles desaparecem. Mas, como não existe padrão para o que se refere ao corpo humano, há casos raros de mulheres de cerca de 50 anos, em pleno climatério, que têm os problemas da TPM agravados. Observe seu corpo durante alguns meses para descobrir como ele reage, antes, durante e depois da menstruação.

Sintomas físicos

Praticamente todas as mulheres têm algum sintoma físico no período pré-menstrual, como: seios e barriga inchados, dor de cabeça, dor muscular, retenção de líquidos, enjôo, alteração de apetite – vontade de comer doce ou perda de apetite –, acne, cansaço e queda do rendimento físico.

Nesses momentos, ouça o seu corpo. Não se exija demais. Se estiver dolorida, molenga ou cansada, não pratique esportes muito puxados nem se exceda no trabalho. Tome bastante água, sucos e chás; caminhe, ouça música, leia um livro.

Algumas mulheres apresentam mais sintomas físicos, outras, mais sintomas emocionais.

Sintomas emocionais

Na verdade, parece que a TPM intensifica as características psíquicas e comportamentais próprias de cada mulher. Uma pessoa eufórica pode se tornar agressiva, assim como uma mulher ansiosa terá sua ansiedade acirrada e uma pessoa com tendência depressiva pode ter um período de depressão. A tristeza não é um sintoma da TPM, mas pode ser o de uma mulher melancólica ou que esteja vivendo um período difícil.

No quadro emocional feminino podemos destacar os seguintes problemas, que podem ocorrer de acordo com a personalidade da mulher: alterações repentinas de humor, agressividade, angústia, ansiedade, excesso ou falta de sono, depressão, irritabilidade, dificuldade de concentração, esquecimento, pouca disposição para a atividade sexual e tristeza. O relacionamento com as pessoas também pode ficar mais difícil. É um prato cheio para o machismo: "Ih, ela está com TPM!" Quando ouvir isso, não se preocupe: responda com humor, ironize, brinque com essa forma gratuita de desrespeito.

Os sintomas emocionais da TPM também estão relacionados com o momento de vida presente. Uma mulher pode passar anos sentindo apenas cólica e dores musculares, sem nenhuma alteração psíquica aparente. Mas se estiver com algum problema em família, dificuldade no trabalho ou na vida amorosa, pode vir a ter alguma alteração psíquica. O conflito interno acaba desencadeando um quadro emocional nesse período.

Temos a tendência a ver doença apenas como algo físico; as reações emocionais não costumam ser levadas em conta – por nós mesmas e pelos próprios médicos. Mas o estado emocional é tão importante quanto o estado físico, e temos que tratar de ambos.

Cuide-se

Experiências em consultório demonstram que, de maneira geral, a qualidade de vida está relacionada com os sintomas da TPM. Portanto, mãos à obra: se você está enfrentando algum problema, vamos tentar reverter essa situação. Se é uma questão que não depende de você, mas a atinge, procure se cuidar.

Reserve um momento tranqüilo e abra um espaço só para você. Todos os dias. Pode ser de manhã bem cedinho, na hora do almoço, no final do expediente, após o jantar, antes de dormir... a escolha é sua.

Receita para se conhecer e viver melhor

1. *Reserve de 15 a 30 minutos para estar com você mesma.*
2. *Com tranqüilidade, repasse os acontecimentos das últimas 24 horas.* Em certos dias não há nada marcante, já em outros...
3. *Avalie suas atitudes e as dos outros.*
4. *Perceba se no momento presente você agiria da mesma forma.* Mudaria de atitude? Isso seria melhor? Se a sua forma de agir foi adequada, a do outro é que não foi?

Tomar uma atitude indevida, discutir, interpretar mal, ou ser mal interpretado são coisas que acontecem com todas as pessoas. *O que é útil é tentar saber por que isso aconteceu.* Friso o verbo "tentar" porque muitas vezes não se consegue descobrir a causa do problema – é algo muito interno, fruto da criação ou do meio ambiente e é mesmo difícil identificar o porquê de nossas atitudes sem o auxílio de um psicólogo ou terapeuta. Não faz mal. O importante é perceber o que é que não foi bom para você.

De posse desse conhecimento, o próximo passo é:

5. *Descobrir o que seria bom para você.*
6. *Se for impossível, ou difícil, alcançar isso no momento, não se preocupe. O principal aconteceu: a tomada de consciência da situação.*
7. *A reflexão acalma o espírito* e mostra que um fato que parecia terrível, ao ser analisado sem emoção, pode se mostrar comum, algo que acontece com muitas pessoas e até com certa freqüência.
8. *Voltar-se para dentro traz segurança e tranqüilidade.* Ao rever os seus dias você estará revendo o seu modo de agir e sentir, assim como o dos outros. Essa é uma das principais formas de adquirir autoconhecimento – e só ele nos dá segurança. Segurança no ser, no agir, no sentir.
9. *Isso não significa que você deva mudar*, apenas que viu com clareza e razão o que a incomoda, e como você reage a isso, o que lhe dá prazer, e qual é a sua reação.

10. *Não se imponha nada.* Não pense em certo nem errado. Veja os fatos da sua vida como se lesse um livro. O tempo e a sensibilidade vão se encarregar de lhe mostrar se a sua posição é a melhor. Não se preocupe. Olhe-se e veja-se. Certamente você descobrirá uma pessoa bonita, que nunca tinha parado para se conhecer.

11. *Fortifique-se.* Além de sentir mais segura, essa reflexão vai fortificá-la. Você poderá enfrentar surpresas e situações desagradáveis com mais facilidade.

12. *Tenha uma atitude positiva.* O pensamento otimista é o melhor companheiro da saúde, da beleza e do bem-estar. Repare como as pessoas sorridentes parecem mais jovens que as sisudas.

13. E o que a TPM tem a ver com tudo isso? O elo é o astral, a atitude positiva e o bom humor que podemos adquirir. Pense nisso. *Comece a se valorizar e a valorizar o próximo.* Elogie-se e elogie os outros. Admire-se e admire os outros.

14. *Trate-se logo no início para não se deprimir ou ficar irritada. Não se deixe abater* quando surgirem o mal-estar, as dores e o quadro emocional da sua fase pré-menstrual. Siga as recomendações que daremos a seguir e vá em frente.

15. *Sonhe.* Além do que aconteceu durante o dia, libere a mente para divagar e sonhar. Tem coisa melhor que isso? O mundo interior das crianças é tão rico porque está povoado de sonhos.

16. *Solte a imaginação.* Liberar a criatividade que existe em nós traz ótimos resultados. Você pode ter uma idéia genial para ser aplicada no trabalho, em casa ou na relação com o marido, os pais e os filhos.

17. *Viva!* E sem os males da TPM. Veja só como.

Qual é a causa de tudo isso?

Os hormônios são os grandes vilões da história.

A partir do meio do ciclo feminino – do 14.º dia em diante – o ovário passa a produzir menos estrógeno e mais progesterona. Acredita-se que o aumento de progesterona seja responsável pela tensão pré-menstrual.

Se for feito exame hormonal nesse período, a dosagem será normal. Acontece que, além dos hormônios e dos órgãos genitais, temos os receptores de progesterona (no útero e no seio). Acredita-se que algumas mulheres tenham mais receptores hormonais que a maioria – seriam elas as mais afetadas pela TPM, pois teriam capacidade de armazenar maior quantidade de progesterona.

E é justamente o excesso de progesterona que desencadeia sintomas desagradáveis como retenção de líquido e sódio, inchaço e até o aumento da massa encefálica, mostrando que há um edema (acúmulo anormal de líquido, causando inchaço) no cérebro, assim como nas outras áreas do corpo.

Dando nomes aos bois: estrógeno e progesterona

Mas, afinal, qual é a função desses dois hormônios no nosso organismo?

São muitas as funções e em diversas partes do corpo. O estrógeno é responsável por todo o turgor, ou seja, o estado normal das células. É ele que proporciona elasticidade e hidratação à pele e aos cabelos; é responsável pela vitalidade e força muscular, pelas lágrimas e a saliva e pela absorção de cálcio, fósforo e potássio no processo digestivo.

É por isso que na menopausa, quando o estrógeno deixa de ser produzido, ocorre o envelhecimento da pele pela falta de hidratação e elasticidade, o que produz rugas, queda de cabelos, diminuição da circulação sanguínea e muitas vezes osteoporose (descalcificação dos ossos). Ainda que em menor escala, a progesterona também atua nessas áreas.

O equilíbrio dos dois hormônios proporciona a força e a vitalidade dos ossos, dos músculos, da pele, dos cabelos e das unhas.

Além dessa atuação metabólica geral, a função principal desses hormônios é manter o útero para o processo de gestação. O estrógeno prepara o interior do útero para que ele possa receber o óvulo fecundado no 14.º dia do ciclo menstrual. Se o óvulo não for fecundado, cai a produção de estrógeno e ocorre a menstruação.

A progesterona é fabricada depois da ovulação, para refazer o ciclo menstrual.

A relação emocional

Estudos psiquiátricos e psicológicos relacionam o excesso de estrógeno – que ocorre antes da menstruação – à ansiedade, e o excesso de progesterona – que se dá depois da menstruação – a um processo de interiorização e recolhimento.

São estudos baseados na observação, pois para testar essa reação de modo científico seria preciso criar um metabolismo anormal no corpo da mulher, introduzindo hormônios em excesso nas fases mencionadas. O mais interessante é descobrir por que a produção de hormônio aumentou.

O aspecto emocional da mulher e a situação do ambiente em que vive são fatores tão relacionados à TPM que muitas mulheres que não menstruam mais comentam que na época em que menstruariam ainda sentem cólicas e alteração de humor. O aparelho genital individualiza a mulher, portanto, qualquer tipo de alteração física nessa área gera alteração emocional. Mulheres que tiveram de retirar os ovários e o útero apresentam sintomas físicos e psíquicos na época em que ovulariam e menstruariam. São casos nitidamente emocionais, sem nenhuma relação hormonal.

Prepare-se e prepare sua filha

Mergulhar na vida, dedicar-se, vibrar é uma dica genial de médicos e psiquiatras. Na observação do Dr. Marco Antonio Palmieri, as mulheres que abraçam intensamente a vida – emocional, familiar e profissional – enfrentam a TPM e a menopausa com certa tranqüilidade.

O preparo sexual é outro dado importante para enfrentar tudo o que se refere aos órgãos genitais. Antigamente, não se falava livremente em menstruação; esse assunto era algo proibido, "feio",

o que fazia com que as meninas menstruassem quase escondido. Isso marcou a menstruação como algo ruim, um período mau que representava um castigo às mulheres.

Até hoje muitas mulheres encaram o ciclo menstrual como um suplício e outras repetem o modelo de suas mães: não oferecem nenhum esclarecimento às filhas sobre o ciclo menstrual, as relações sexuais e a gravidez.

A desinformação, o despreparo sobre o que ocorre com o próprio corpo e o significado dessa transformação criam insegurança e sofrimento, gerando problemas emocionais durante a menstruação, a gravidez e a menopausa.

Além disso, há muito preconceito. No Brasil, antigamente, dizia-se que nesse período não se podia andar descalça nem lavar o cabelo. Algumas religiões, como a muçulmana, proíbem a entrada de mulheres menstruadas nas mesquitas, como se estivessem impuras. Muitos alimentos são considerados proibidos, assim como o contato sexual. Na verdade, tudo isso é puro tabu.

As mulheres que se sentem impuras costumam apresentar mais problemas físicos e emocionais que aquelas que enfrentam a menstruação como um fenômeno fisiológico normal. A conclusão a que chegamos é que a educação genital e sexual é extremamente importante para a mulher assumir com naturalidade as transformações que o seu corpo enfrenta ao longo de cada mês.

A educação genital deve começar no final da infância, ou na pré-adolescência, quando a menina vai tomar conhecimento do ciclo menstrual, da ovulação e da fecundação do óvulo pelo espermatozóide durante o ato sexual, que resulta na gravidez e no nascimento de um bebê. Mostre à sua filha que menstruar é saudável, faz parte do ciclo vital.

Conhecer o próprio corpo significa preservá-lo, saber como e quando agir e evitar a gravidez. Do ponto de vista psicológico, o conhecimento dá segurança e tranqüilidade.

Como sofrer menos

As mulheres podem se alegrar, pois dois remédios naturais são a grande novidade contra a TPM.

A erva-de-são-joão, ou hipérico, controla as oscilações psicológicas leves – como ansiedade, mau humor, tristeza, melancolia, apatia e depressão –, e a prímula combate os sintomas físicos. A erva-de-são-joão contém elementos que aumentam a quantidade de serotonina no cérebro, uma substância neurotransmissora que provoca sensação de prazer e bem-estar. O mesmo ocorre quando praticamos esporte ou uma atividade física.

A prímula é uma flor que se encontra em várias partes do Brasil. Ela atua diretamente contra os problemas da TPM graças ao ácido gamalinolênico, que diminui a retenção de líquido – a causa de inchaço e de dor nos seios. Diversas pessoas que têm tomado prímula afirmam que ela diminui e até elimina a dor de cabeça e controla o estado emocional, evitando o mau humor e as crises nervosas. Deve ser tomada 15 dias antes da menstruação. Antes, porém, consulte o médico. A prímula e a erva-de-são-joão são vendidas em forma de cápsulas.

Atenção: *Mulheres grávidas e epilépticas não podem tomar prímula*, pois a náusea e o vômito podem aumentar.

Em casos de depressão mais acentuada, ou nos casos em que essa medicação natural não tenha efeito, há outras formas de tratamento – homeopático, alopático ou psicológico. Se a depressão começar a afetar o relacionamento familiar, amoroso ou profissional, é importante tratá-la logo. A novidade em relação ao antidepressivo é que ele pode ser tomado na quinzena que antecede a menstruação – não é preciso tomá-lo o mês todo –, o que reduz o consumo do medicamento à metade.

Se for constatado por exame grande distúrbio hormonal, ou se os sintomas físicos forem insuportáveis, recomenda-se pílula anticoncepcional para a mulher com vida sexual ativa e produtos à base de estrógeno e progesterona para a mulher com vida sexual inativa.

O poder da soja e das vitaminas

Outro sucesso do momento é uma medicação à base de soja chamada isoflavona, que tem tido resultados muito positivos contra os males da tensão pré-menstrual. A soja é a versão vegetal do estrógeno – favorece o equilíbrio geral do organismo –, e os laboratórios conseguiram sintetizá-la quimicamente, sendo comercializada em cápsulas.

A vitamina B6 é indicada para combater inchaço, dor de cabeça e nos seios e a vitamina E atua contra cólicas, dor de cabeça e dor nos seios.

Ginecologistas, clínicos e homeopatas que aderiram à medicação natural estão satisfeitos com os resultados, pois conseguiram acabar com os problemas físicos e emocionais de suas pacientes, ou diminuí-los muitíssimo.

Evite soluções drásticas, como injeções hormonais ou apliques sob a pele que interrompem totalmente a menstruação. Sem menstruar não haverá tensão pré-menstrual, mas podem ocorrer outros problemas.

O que comer

A alimentação balanceada é chave que abre todas as portas. Siga estas dicas bastante simples e veja como a situação geral do seu organismo vai melhorar.

1. Evite alimentos que fermentam: chocolate, açúcar, adoçante, coco e bebidas alcoólicas.

2. Faça uma alimentação leve e refrescante: saladas, legumes, verduras, peixe e frango, sopas, arroz integral, sucos naturais, frutas e chá.

3. Coma frutas como mamão, laranja e ameixa-preta, e fibras (aveia, farelo e germe de trigo, beterraba, mandioca, abóbora, mandioquinha), que auxiliam o funcionamento do intestino.

4. Banana, melão, abacate, castanha-do-pará, castanha-de-caju, nozes, pão e arroz integral, germe de trigo e aveia, fígado, salmão e atum contêm vitamina B6.

5. Evite café, mate e chá preto – ao estimular o sistema nervoso, a cafeína aumenta a excitação e a irritabilidade.

6. Tome muito líquido – 8-10 copos de água, sucos e chá por dia. Habitue-se a tomar um copo de água em jejum: é bom para a pele e o aparelho digestivo.

7. Evite leite, manteiga, queijo – os laticínios propiciam a retenção de líquidos.

Por que essa escolha?

Bem, os alimentos que fermentam causam gases, dificultam o funcionamento do intestino e muitas vezes provocam cólicas. Além disso, é comum haver prisão de ventre na TPM, por isso é melhor se prevenir.

Mexa-se

Toda atividade física causa bem-estar. Ao serem ativados, os músculos liberam endorfina – substância que atua como analgésico natural e dá bom humor.

O ideal é que você se exercite sempre, não apenas na necessidade, pois a sua resistência, o seu humor e a vontade de fazer as coisas vão aumentar. E ainda por cima você mantém a forma do corpo e a elasticidade muscular.

Caminhar, andar de bicicleta, fazer ginástica ou hidroginástica, nadar, praticar dança – tudo isso é excelente. A ioga e o *tai-chi* são práticas muito interessantes: dão elasticidade, equilíbrio, ativam os órgãos e acalmam o espírito. Se você está muito agitada, experimente. Há até aulas gratuitas em parques de várias cidades brasileiras.

No período menstrual é normal que o seu rendimento caia, ou que você fique indisposta; então, diminua o ritmo e a intensidade dos exercícios.

Massagem

Uma boa massagem é uma das melhores maneiras de relaxar. Mesmo que você e o seu companheiro não sejam especialistas da área, experimente propor a ele uma sessão dupla. Primeiro ele a massageia, depois é a sua vez. Ou vice-versa. Esse contato físico diferenciado aproxima muito o casal. Além de propiciar relaxamento e bem-estar, cria um clima sensual.

Se preferir uma massagem profissional, há várias possibilidades: *shiatsu, tui-na* e acupuntura – tratamentos de origem chinesa que estimulam ou relaxam a circulação de energia, sendo que a acupuntura atua pela aplicação de agulhas em alguns pontos do corpo. Por ter um alcance mais profundo, é indicada para crises mais sérias, sendo útil no combate à dor de cabeça, ansiedade e depressão.

Lembre-se de uma coisa: contra as dores e o baixo-astral causados pela TPM, procure ter uma atitude positiva. Consulte o médico antes da próxima crise, para evitar que ela se manifeste. Não pense no problema, pense na cura. Com esses medicamentos novos, feitos a partir de elementos da natureza, dê um adeus à TPM!

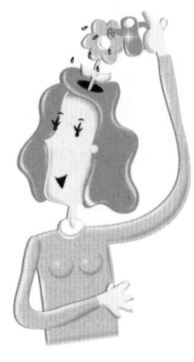